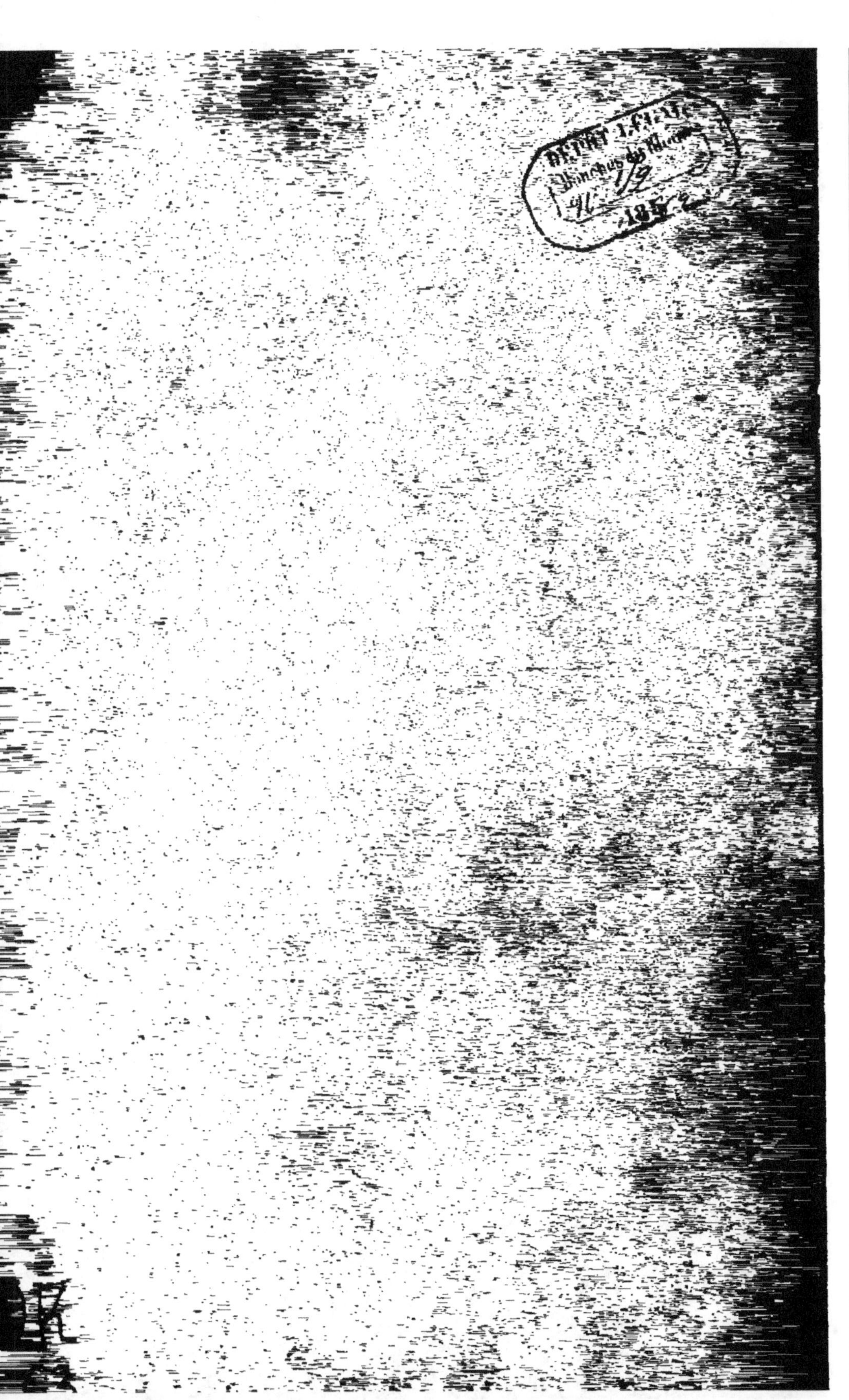

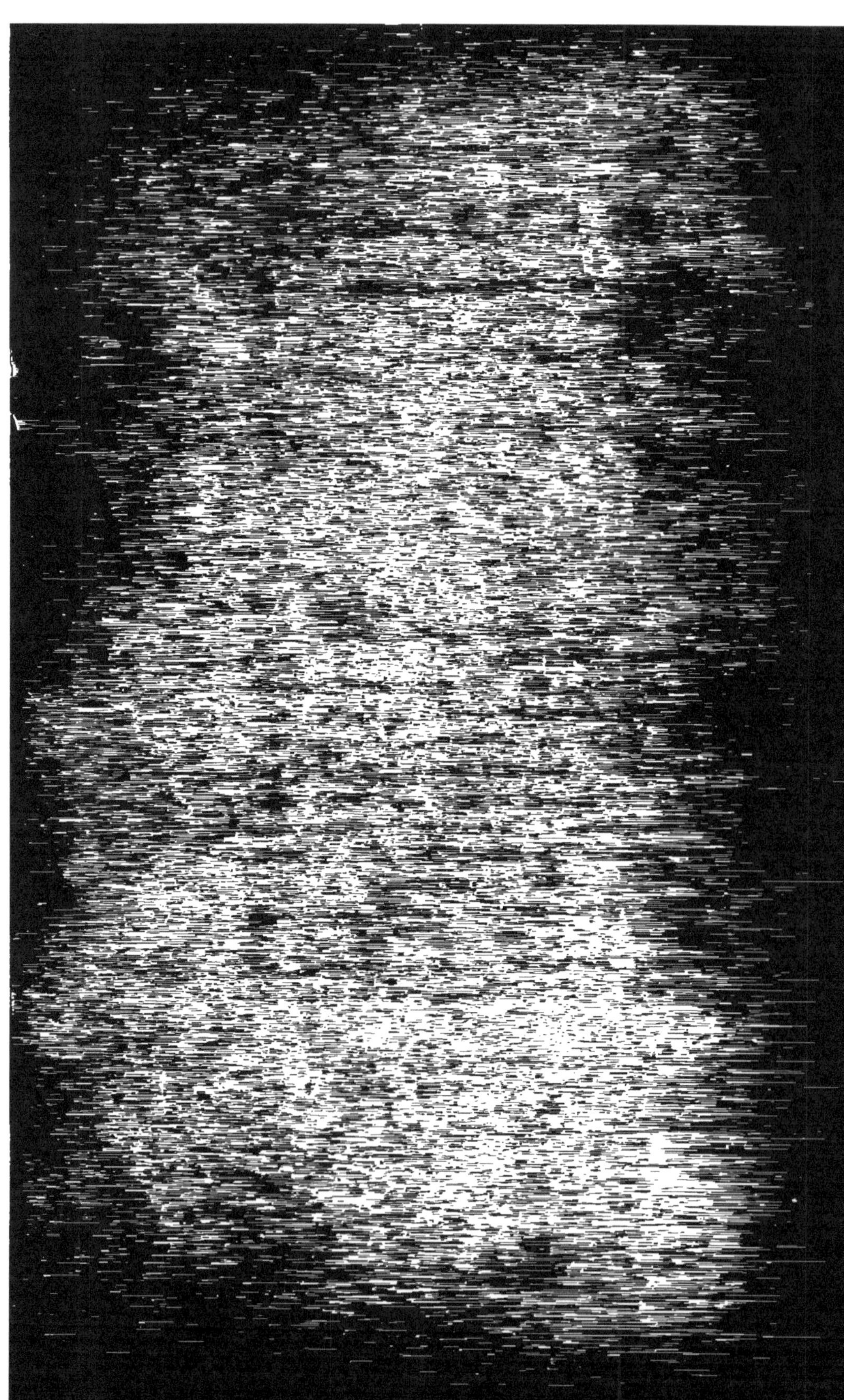

DES LETTRES B. N. M INSCRITES

sur certains dinars musulmans d'Espagne,

PAR LOUIS BLANCARD.

———∞∞∞———

I

1. — Dans mon étude sur *le Besant d'or Sarrazinas*, j'ai émis la proposition suivante :

« Certains Sarrazinas de fabrique musulmane (dinars) portent à l'exergue les lettres **B. N. M.** dont l'interprétation non encore fixée quand je vis ces pièces, il y a deux ans, à la Bibliothèque Nationale, me paraît correspondre à celle du mot طيب (bon) qu'on lit sur certaines pièces byzantines fort connues dont les plus curieuses ont été éditées par MM. le baron Marchant, de Saulcy et de Longpérier (1). Cette interprétation indiquerait une circulation mixte, chrétienne et musulmane (2). »

La proposition nécessitait un développement qui n'eût pas été à sa place dans le chapitre où elle a été

____

(1) *Lettres du baron Marchant*, Paris 1851, in-8°, p. 4, 12. Cf. aussi Sabatier, *Description générale des monnaies byzantines*. Paris, 1882, 2 vol. in-8°, t. II, p. 191.

(2) *Le Besant d'or sarrazinas pendant les croisades*, Marseille, 1880, in-8°, p. 9 et 10.

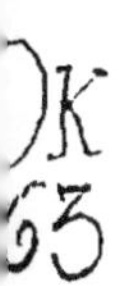

formulée ; je viens y consacrer quelques pages qui formeront un appendice à mon étude.

Je m'efforcerai d'abord de démontrer phonographiquement l'interprétation par BONUM des lettres B. N. M inscrites à l'exergue de certains dinars, et, en second lieu, de prouver que cette interprétation, qui indique une circulation mixte, chrétienne et musulmane, est justifiée par les faits historiques.

2. — Interprétation par BONUM des lettres B. N. M inscrites à l'exergue de certains dinars. Les dinars dont il s'agit sont bilingues ; outres les lettres B. N. M, dont l'interprétation est restée obscure, il portent en arabe l'indication explicite du lieu et de la date de fabrication. Ces deux légendes ont été gravées dans le même coin et frappées du même coup de marteau. Ce qui est à noter dans la légende arabe, ce n'est pas le lieu et la date qui sont, ici du moins, d'une importance secondaire, mais la correction de la rédaction arabe et son caractère musulman. Ce dernier point surtout est essentiel. M. Lavoix a bien voulu m'envoyer le texte de la légende d'un de ces dinars qui en indique la date et le lieu de fabrication, et redresser ainsi le souvenir vague et inexact que j'en avais gardé (1). Certainement mieux vaudrait, pour l'étude, l'ensemble des inscriptions de la pièce, mais telle qu'elle est, la légende qui m'a été communiquée par le savant et obligeant conservateur adjoint du cabinet de France me paraît suffire à la démonstration. La voici : بالاندلس سنة اربعمائة (En Andalousie, l'an 400). La date inscrite se rapporte à l'hégire, le pays indiqué était à cette époque au pouvoir des musulmans et le texte est en arabe correct. Il est dont évident, incontestable, que la fabrique de la monnaie où on lit cette légende est musulmane, c'est-à-dire que le chef qui la fit frapper, l'ouvrier qui

(1) Je croyais me souvenir qu'elles étaient orientales et du XIIᵉ siècle (l. c.)

la grava, le milieu d'où elle fut émise, étaient musulmans.

Si la légende arabe et musulmane est claire, nette,
explicite, il n'en est pas de même des lettres latines
de l'exergue. Les lettres B. N. M sont-elles des ini-
tiales d'autant de mots ? A mon avis, non, parce que
le dinar où ces lettres sont inscrites est de fabrique
arabe et musulmane. Or, il est contraire à la règle
habituelle de l'écriture arabe que tout un mot soit représenté par une lettre. Si la monnaie était de fabrique chrétienne, je pourrais bien, comme je l'ai fait,
après d'autres, pour les lettres B. T. du tripolaz,
chercher autant de mots qu'il y a de lettres dans
l'exergue B. N. M, car les latins usaient du système
d'abréviation dont le tripolaz offre un exemple, mais
les Arabes le repoussaient à ce point que les très rares
lettres isolées ou liées que l'on voit dans le champ de
certains dinars semblent être inexplicables, si on ne
les considère comme des différends d'atelier ou des
monogrammes. Je crois donc ne pas aller trop loin en
disant qu'il faudrait nier la fabrique arabe et musulmane des dinars au B. N. M pour être autorisé à voir
en chacune de ces lettres autant de mots abrégés à la
latine. Or, la fabrique arabe et musulmane étant in-
discutable, il faut en venir à considérer ces trois lettres
comme les membrures, c'est-à-dire les consonnes d'un
seul mot dont les voyelles sont sous-entendues.

Je suis maintenant à l'aise pour continuer la dé
monstration. Le système d'écriture qui consiste à sous
entendre les voyelles (les points-voyelles) et à n'in-
scrire que les consonnes est tout à fait arabe. Sur les
monnaies arabes du moyen-âge, les voyelles ne sont
figurées qu'exceptionnellement et les légendes n'y
sont d'habitude composées que de consonnes. Il s'en-
suit que la suppression des voyelles dans une inscription monétaire faite en pays arabe serait, en général,
un indice que cette inscription est l'œuvre d'un écrivain ou d'un graveur arabe. Dans le cas dont je m'oc-

cupe, la juxta-position d'une légende arabe, correcte et nette, et d'un exergue latin, incomplet et obscur, change cet indice en certitude. L'écrivain, le graveur, qui a si correctement écrit en arabe, sur la monnaie, le lieu et la date de la fabrique, avait certainement l'usage de l'écriture arabe et non celui de l'écriture latine. On lui a dicté, on lui a fait entendre le mot latin à ajouter à la légende arabe, et lui, écrivant ce mot selon les règles et l'usage de l'écriture arabe, l'a ainsi représenté : B. N. M. Et maintenant, pour avoir le mot exact, le mot vrai, celui qui a été dicté à l'écrivain ou au graveur, et qu'il eût écrit tout au long, tel qu'il l'entendait, voyelles et consonnes, s'il n'eût point fait subir à l'écriture latine la règle habituelle de l'écriture arabe ; pour avoir ce mot complet, il suffit de faire passer successivement entre les consonnes B et N, N et M toutes les voyelles arabes,—auxquelles certainement l'oreille de l'écrivain arabe a rapporté les latines —, jusqu'à ce que cette opération ait rendu à l'exergue son vrai sens. Les voyelles (points-voyelles) arabes correspondant phonétiquement à A, I, OU, on obtient successivement par cette opération BANAM, BANIM, BANOUM, BINAM, BINIM, BINOUM, BOUNIM et enfin BOUNAM et BOUNOUM. Les sept premiers termes n'ont, en latin, aucun sens, mais les deux derniers sont tout simplement les mots BONAM et BONUM prononcés à l'arabe. Ce sont ces mots, ou plutôt c'est le dernier BONUM que sans doute le graveur arabe a cru estampiller tout au long sur la pièce, en y gravant les trois consonnes B. N. M. Aux yeux des musulmans, les trois lettres représentaient suffisamment ce qu'ils voulaient dire, et, quant aux chefs chrétiens, qui parlaient tant bien que mal le latin, mais qui, pour la plupart, ne savaient le lire, ils se contentèrent, parce qu'elle était l'estampille authentique d'un métal à leur gré, d'une abréviation que leurs clercs comprenaient sans peine et ne tardèrent pas, s'ils ne l'avaient déjà fait, à employer eux-mêmes dans leurs propres chartes. Telle est l'interprétation

que je crois pouvoir donner des lettres B. N. M. La
portée de cette interprétation pourrait, à l'occasion,
s'étendre à tous les temps et à tous les pays dans lesquels l'arabe et le latin florissaient simultanément et
côte à côte, mais elle s'applique ici aux dinars frappés
en Espagne au XIe siècle, et tout d'abord à celui dont
M. Lavoix m'a fait l'amitié de me donner la légende
du lieu et de la date.

Avant de prouver que cette inscription est justifiée
par la circulation dont ce dinar jouissait, à cette date
et en Espagne, parmi chrétiens et musulmans, j'expo-
serai, en peu de mots, les événements qui s'accom-
plirent dans l'Espagne musulmane, en 400, et les
principaux faits historiques qui précédèrent et amenèrent ces événements.

II

EXPOSÉ HISTORIQUE. — Le IVme siècle de l'Hégire fut une
ère de prospérité sans pareille pour le royaume de Cordoue. Les califes Abdérame III et Hakam II lui donnèrent
un éclat qui fit pâlir celui de tous les trônes chrétiens de
l'Europe occidentale, et, sous leur successeur Hicham II,
qui, heureusement pour son pays, ne fut qu'un souverain
nominal, le régent du royaume, Almansour, porta à l'apogée
la gloire de l'Espagne musulmane. Almansour, grâce à son
talent et à d'heureuses intrigues, était parvenu des plus
modestes emplois à celui de hadjib, mais comme tel, il
n'était pas encore le maître du pays, parce qu'il partageait
les fonctions souveraines de premier ministre avec Ghâlib,
général illustre, dont le nom était entouré d'un respect
universel.

Ghâlib avait si souvent conduit ses troupes à la victoire
qu'elles avaient pour lui un culte idolâtre.

Almansour, qui n'était encore que le hadjib Ibn-Abi-Amir,
était jaloux de son collègue et voulait à tout prix s'en dé-
barrasser et gouverner seul; mais, pour atteindre ce but, il
fallait avoir la force pour soi, et comme il ne pouvait comp-

ter sur l'armée andalouse dévouée à Ghâlib, il chercha à se
faire une armée à lui, composée de soldats étrangers. « La
Mauritanie et l'Espagne chrétienne la lui fournirent (1). »
Les Berbers fuyant devant les armes victorieuses d'un vice-
roi d'Afrique, révolté contre le calife son maître, s'étaient
tous réfugiés à Ceuta et ils y étaient entassés et sans subsis-
tance. Ibn-Abi-Amir leur offrit l'hospitalité à Cordoue.
Beaucoup d'entre eux se rendirent à son appel. Il leur donna
des armes, des chevaux, des présents de tout genre et les
fit entrer au service de l'État. Désormais il pouvait compter sur eux.

Il sut attirer avec d'égales prévenances les soldats Chrétiens, et comme il leur donnait une haute paye, ne mettait
aucun obstacle à la pratique de leur religion, de leur mœurs
et de leur langue, et même les favorisait libéralement, il vit
accourir sous ses drapeaux une foule d'Espagnols des pro-
vinces chrétiennes, cherchant fortune et ne craignant pas
l'aventure; il se les attacha par ses bienfaits aussi étroitement
que les Berbers, et il eut ainsi à lui des troupes aussi dévouées
que Ghâlib et pour le moins aussi vaillantes. Les Chrétiens
surtout étaient braves comme leur épée. Abou-Bekr, de
Tortose, rapporte un fait qui mit en relief cette bravoure et
dut inspirer à Ibn-Abi-Amir le projet d'avoir de tels hom-
mes à son service. Dans une de ses premières campagnes,
alors qu'il n'était que vizir ou tout au plus généralissime,
il contemplait avec orgueil l'armée Andalouse rangée en
bataille. Dans son esprit, cette armée devait être sans rivale.
N'est-ce pas, fit-il, en s'adressant à un vieil officier, son
chef d'avant garde, qu'on y trouverait facilement mille hom-
mes capables de lutter corps à corps avec les Chrétiens? Pas
même cinquante, lui répondit celui-ci. Il allait payer cher
sa franchise quand on aperçut, dans l'espace vide qui sépa-
rait les deux armées, un chevalier chrétien qui défiait les
troupes musulmanes. Trois Arabes se présentent successivement pour le combattre et tombent sans peine sous les coups
du chrétien, qui continue ses défis auxquels aucun Arabe ne
veut plus répondre. Ibn-abi-Amir n'en peut croire ses yeux
et sa fureur égale sa surprise. Il rappelle son chef d'avant-
garde et le supplie de trouver, autour de lui, un soldat, un

(1) Dozy, *Histoire des musulmans d'Espagne*, III, p. 183.

seul, qui venge par la mort du chevalier ennemi l'honneur
de l'armée et de la religion.

Il ne s'agissait plus d'en trouver mille, mais un seul.
L'officier va droit à une compagnie aragonaise, s'adresse à
l'un des soldats et lui dit ces simples mots, en lui montrant
le chevalier maître du champ de bataille : va, combats, tue-
le et porte moi sa tête. Quelques minutes après, l'Aragonais
accourait vers l'officier qui s'était placé à côté du général
et jetait devant eux un objet qu'il serrait de ses deux mains :
c'était la tête du chevalier. Dans ce moment, il dut sembler
au chef des troupes musulmanes que des chrétiens seuls
pouvaient vaincre des chrétiens, et ce fut alors sans doute
qu'il résolut d'avoir à sa solde toute une armée de ces héros.
Mais ces héros étaient pauvres et avides et leurs escarcel-
les s'accommodaient à merveille d'un large salaire.

Il serait surprenant que le dinar arabe donné en paye
aux soldats Chrétiens de l'armée d'Ibn-Abi-Amir, n'eût
pas reçu quelques marque ou lettres, ayant servi à leur
en faire reconnaître la légalité et le bon aloi.

Ce dinar s'il existe, ne m'est pas connu ; il serait anté-
rieur d'environ trente ans à celui dont je m'occupe dans la
présente étude,

Ghâlib et Ibn-Abi-Amir étaient trop jaloux l'un de l'autre pour s'en tenir à de sourdes rivalités. Un jour Ghâlib
jeta, dans un accès de colère, son collègue du haut d'une
tour. Celui-ci survécut à cette chute, puis, aussitôt qu'il le
put, il réunit les Berbers et les Chrétiens qui lui étaient
dévoués, déclara la guerre à Ghâlib, qui avait avec lui l'armée
andalouse et un corps de léonais ; il le vainquit, le tua (370-
981) entra de suite après dans le royaume de Léon, battit le
roi de Léon et ses alliés, le comte de Castille et le roi de
Navarre, mit à mort 4000 chrétiens, en fit autant prison-
niers et allant sans arrêt jusqu'aux portes même de la
capitale, après avoir pris Zamora et Simancas, il saccagea
le pays de fond en comble et revint à Cordoue pour ses
quartiers d'hiver. C'est au retour de cette campagne qu'il
prit le surnom d'Al Mansour (le victorieux). Ramire III, roi
de Léon, ayant été vaincu, fut déposé par les grands, et
Bermude, son cousin, nommé à sa place, mais celui-ci ne
put se maintenir qu'avec l'aide d'Almansour dont il paya le
secours en devenant son tributaire. Peu après, Almansour
tourna ses armes contre la Catalogne, battit le comte Borel

et après cinq jours d'assaut, prit Barcelone (6 juil. 375-985). Je ne le suivrai pas dans ses campagnes sans nombre contre les princes chrétiens du nord de l'Espagne et les émirs révoltés de la Mauritanie : toujours victorieux, il prit Léon et Pampelune, détruisit l'église de Saint-Jacques de Compostelle, patron de la Galice, et le cloître de Saint-Emilien, patron de la Castille, et devint « l'effroi de ses ennemis en même temps qu'il ne cessait d'être l'idole de ses soldats » (1). En 1002, Almansour mourut et Modhaffar, son fils aîné, lui succéda dans la régence du royaume. Hicham II l'y autorisa. Ce gouvernement fut aussi brillant que celui de son père, mais très court. En 399 (oct. 1008) Modhaffar mourut et fut remplacé par son jeune frère Abdérame, surnommé Sanchol, parce que Almansour l'avait eu de la fille d'un prince chrétien, comte de Castille ou roi de Navarre, nommé Sancho. Le premier acte de Sanchol fut de se faire nommer, par Hicham II, héritier du trône ; ceci fait, il partit pour guerroyer contre Alphonse V, roi de Léon, et, la campagne n'ayant pas été heureuse, il en revenait par Tolède, lorsqu'il apprit dans cette ville qu'une révolution avait éclaté à Cordoue.

En effet, un petit fils d'Abdérame III, exaspéré comme tant d'autres de la faiblesse d'Hicham II et des prétentions de Sanchol, conspira, et, à la tête de quelques partisans, il pénétra dans le palais du gouverneur de Cordoue, le tua, assiégea la prison d'Hicham II, et l'ayant prise, fit dresser par le malheureux calife, en échange de la vie, un acte d'abdication à son profit.

Le nouveau calife se nommait Mohammed, mais, à peine arrivé au pouvoir, il annonça au peuple qu'il prenait le surnom d'Almuhdi (2). Almuhdi fut acclamé par tous ; les dignitaires, l'armée et le peuple se déclarèrent pour lui et Sanchol fut mis au ban de la nation. Sanchol apprit ces événements à Tolède ; il aurait voulu résister au sort et disputer le pouvoir à Almudhi et dans ce but, il ordonna à ses troupes de marcher contre la Capitale. A mesure qu'ils avançaient, ses soldats, ceux mêmes qu'il croyait les plus

(1) Dozy, *l. c.*, p. 245.
(2) Al-Makkari. *The history of the Mohammedan dynasties in Spain*, etc., translated by Pascual de Gayangos. London 1843, t. II, p. 495, note 8, sur le nom d'Almuhdi au lieu d'Almahdi.

fidèles, désertaient et passaient à Almuhdi. En arrivant près
de Cordoue, Sanchol n'avait plus autour de lui que quelques serviteurs et les soldats d'un allié fidèle, le comte de
Carrion, qui n'ayant pu décider Sanchol à se réfugier dans
son château, l'accompagnait stoïquement à sa perte. Des
cavaliers envoyés contre Sanchol le saisirent et, avec lui,
l'héroïque chrétien qui était resté son seul compagnon, et,
les ayant conduits aux portes de Cordoue, ils les livrèrent
au premier ministre d'Almuhdi, qui lui-même leur trancha
la tête. Ainsi finirent les Amirides.

A partir de ce jour, la paix intérieure fut détruite dans
le royaume de Cordoue, la lutte intestine y devint perma-
nente et les princes chrétiens gagnèrent à cette révolution
un tel accroissement d'influence qu'ils en arrivèrent à être
les arbitres du destin des divers partis qui s'y disputèrent
le pouvoir.

Outre les Berbers et les Chrétiens espagnols, il y avait
autour des califes un troisième élément étranger : les
Slaves. Abdérame III avait été le premier, en haine de la
noblesse avec laquelle il redoutait de partager le pouvoir,
à confier les plus hautes fonctions de l'État à ces esclaves
chrétiens, pris ou achetés snr les côtes de la Méditerranée
et même de la mer Noire, et qui depuis longtemps formaient
le personnel inférieur de la cour de Cordoue. Ces esclaves,
nommés Slaves, étaient d'origine française, italienne, alle-
mande, slave même, et comptaient dans leurs rangs les
eunuques du palais, en général de manufacture française.

A la mort d'Hakam II, le sort de l'État resta quelque
temps entre les mains de deux eunuques slaves, ses favoris,
et les partisans de Hicham ne réussirent à lui assurer la
succession du calife défunt qu'en exilant les Slaves. A ce
moment, mille eunuques slaves obéissaient aux deux favoris. Ceux-ci disparus, ils obéirent avec une égale facilité
au nouveau calife et à ses ministres.

Lors de l'abdication d'Hicham II, les Slaves formaient
un parti militaire ; Wadhih était leur chef. Wadhih, à la
nouvelle de cette abdication, prêta obéissance au nouveau
calife ; Almuhdi avait en outre le reste de l'armée et le
peuple, mais l'accord dura peu. Le peuple fut mécon-
tent, non sans motif ; puis vint le tour des Berbers. Ceux-ci
suscitèrent à Almuhdi un premier anti-calife, qui fut fait
prisonnier dans une émeute et aussitôt décapité, puis un

second, Soleimân, neveu du premier et, comme Almuhdi, petit fils d'Adérame III. Les deux compétiteurs, Almuhdi et Soleimân entrèrent en lutte, l'un avec ses Andalous et ses Slaves, l'autre avec ses Berbers. Leurs forces étant à peu près égales, ils recherchèrent l'un et l'autre une alliance qui fit pencher la balance. L'un et l'autre s'adressèrent au même prince, à Sanche, comte de Castille. Sanche se déclara pour les Berbers, leur fournit des munitions, des vivres, des troupes et, s'étant joint à eux, ils entrèrent en campagne et marchèrent sur Cordoue.

2. — *C'est pendant le cours de cette expédition que s'ouvrit, le 25 août 1009, l'année 400 de l'hégire, inscrite sur le dinar que j'étudie.* Il est donc nécessaire d'être attentif à tout les évènements qui se succédèrent en Espagne dans le cours de cette année pour tirer de l'un d'eux la justification historique de l'interprétation qui est le point essentiel de cette étude.

Almuhdi, maître de Cordoue, envoya ses troupes, sous la conduite de Wadhih, contre Soleiman, ses Berbers, et leur allié, le comte de Castille. Les deux armées se rencontrèrent à Cantich, à l'est de Cordoue (5 novembre 1009), et les Berbers et les Castillans remportèrent une éclatante victoire; ils passèrent au fil de l'épée au moins 10,000 de leurs ennemis.

Almuhdi rendit aussitôt le pouvoir suprême à Hicham II, qu'il faisait passer pour mort, mais cet expédient, inspiré par le désespoir, ne le sauva pas; il fut forcé de s'enfuir à Tolède. Soleimân, les Berbers et les Castillans entrèrent à Cordoue; Hicham II abdiqua de nouveau, cette fois au profit de Soleimân; Cordoue fut presque mis au pillage par les vainqueurs et surtout par les Castillans, et Sanche repartit pour la Castille, le 14 novembre 1009, après avoir reçu de Soleimân la promesse formelle que les citadelles de la frontière lui seraient remises aussitôt qu'on les aurait enlevées à Almuhdi. Celui-ci, entre temps, avait cherché un refuge à Tolède. C'est là que Soleimân se disposa à aller l'attaquer, et, s'étant mis en route dans ce but, il entra à Médina-Celi que Wadhih avait abandonné. Mais, s'il avait abandonné cette ville, Wadhih conservait toutes les frontières, et, tandis qu'il promettait à Soleimân de les tenir pour lui, il entraînait, contre lui, dans une nouvelle campagne, de nouveaux alliés: les comtes Raymond de Barcelone et Ermengaud d'Urgel. Une fois à la tête de 30,000 musulmans et de 9000 chrétiens, il leva le masque et marcha contre Soleimân. Une bataille eut lieu à Acbat-al-Bacar, à 4 lieues de Cordoue, le 10 juin 1010. Les Catalans donnèrent seuls et remportèrent la victoire, tout en perdant soixante de leurs chefs et notamment Ermengaud. Almuhdi rentra dans Cordoue, qui fut pillée de nouveau par les vainqueurs, c'est-à-dire, les Catalans. Toutefois, Almuhdi, craignant un retour offensif de Soleimân, se porta à sa rencontre, mais le sort des armes lui fut hostile et son armée fut mise en déroute le 21 juin 1010. (6 dzoulcâda, 400) à Ouada-Lekeb, au confluent du Guadaira et du Guadalquivir. 3,000 catalans trouvèrent la mort dans cette journée; les autres, furieux et désespérés de la mort de leurs chefs, refusèrent de continuer la campagne et après quelques journées de meurtre et de pillage dans Cordoue, ils reprirent le chemin de la Catalogne (8 juillet 1010). Cordoue, qui redoutait par dessus tout les Berbers, fournit à Almuhdi une subvention extraordinaire pour la levée de nouvelles troupes, à la tête desquelles ce prince consentit à marcher contre les ennemis. En route, la peur le prend, il rebrousse chemin, s'enferme et se fortifie dans Cordoue et cherche à s'y étourdir dans le repos et la débauche. Ses troupes, livrées à elle-même, étaient en train d'y commettre tous les excès, lorsque Wadliih, indigné, se révolta et replaça Hicham II sur le trône : Les Slaves massacrèrent aussitôt Almuhdi, Ce fut le dernier événement remarquable de l'année 400 de l'hégire qui, commencée le 21 août 1009, finit le 15 août 1010.

Tel est l'exposé des faits qui eurent lieu pendant l'année inscrite sur le dinar au B. N. M, et de ceux qui les précédèrent et les amenèrent.

III

Justification historique de l'interprétation fondée sur la circulation à la fois chrétienne et musulmane du dinar au B. N. M.

Il ressort de l'exposé qui précède, qu'en l'année 400 de l'Hégire, deux compétiteurs se disputèrent avec acharnement et avec des chances diverses, pour chacun d'eux, le califat de Cordoue ; que l'un d'eux, Almuhdi, eut pour alliés les comtes latins de Barcelone et d'Urgel; que l'autre, Solaiman, eut pour allié le comte latin de Castille; que le sort des armes amena successivement en Andalousie et même à Cordoue les Castillans et les Catalans, non pour leur propre compte, mais à la suite des compétiteurs musulmans, à la fortune desquels ils étaient liés.

Les Castillans n'entrèrent pas au service de Soleiman, et les Catalans à ceux d'Almuhdi, sans stipulation d'avantages. Les avantages stipulés par les Castillans nous sont connus. Ces Chrétiens ne se décidèrent à marcher avec Soleiman que sur la promesse formelle qu'il leur livrerait les forteresses occupées par Almuhdi, et comme les résultats de la campagne n'avaient pas mis Soleiman en mesure de tenir cette promesse, il la renouvela aux Castillans, au moment où ceux-ci le quittèrent pour regagner leur pays. Les Castillans pillèrent Cordoue, mais c'était hors de convention et ce fut un dédommagement qu'ils s'octroyèrent en sus et peut être en remplacement des avantages convenus. Il n'est donc pas probable qu'il faille attribuer à l'alliance de Soleiman avec le comte de Castille l'émission du dinar au B. N. M.

Les Catalans ne firent, eux, aucune stipulation d'avantages en nature. Comme les Castillans, ils mirent Cordoue au pillage pendant les quelques jours qu'ils y passèrent avant de prendre congé d'Almuhdi, mais ce pillage n'était pas convenu d'avance et ne peut pas être considéré comme un prix régulier de services. D'un autre côté, pendant ces quelques jours on n'eut pas le temps ni la possibilité de faire frapper pour eux le dinar au B. N. M. Du reste, à quoi eût-il servi puisque, la campagne étant terminée, les Chrétiens et les Musulmans se séparaient et qu'une monnaie commune aux uns et aux autres n'avaient plus de raison d'être : je comprends la fabrication et la circulation d'une monnaie commune en vue et pendant la durée d'une

vie commune, mais non pas au moment où elle finit.
La vie commune commença pour les Musulmans et les
Catalans aussitôt que ceux-ci s'unirent *de facto* aux
troupes d'Almuhdi, pour faire campagne ensemble
contre Soleiman. Voici en quel termes Nowaïri,
raconte cette alliance : « Le 18 du 2ᵉ djoumâda, des
troupes de Soleiman, commandées par son fils, sorti-
rent de Cordoue pour aller prendre Tolède. Quelques
temps après, Soleiman leur amena lui-même du ren-
fort. Ayant remonté le bassin du Tage, il campa devant
Medinah-Selim (Medina-Celi), où il fut rejoint par un
corps de Slaves. A l'arrivée de Soleiman devant Medinah-Selim, Wadhih évacua cette forteresse et vint à
Tortose (au S. E. de Barcelone), d'où il écrivit au sul-
tan pour lui demander pardon de tous les actes d'hosti-
lité qu'il avait commis contre lui, pendant qu'il était au
service d'Almuhdi, et pour lui promettre de déserter
la cause d'Almuhdi et de soutenir la sienne, s'il lui
accordait sa grâce. »

«Wadhih n'était pas sincère dans sa démarche et tout
ce qu'il voulait, en la faisant, c'était de gagner du temps
afin de fortifier le parti de son maître. Trompé par
cette démarche, Soleiman donna à Wadhih le comman-
dement de toutes les forces musulmanes de la frontière
d'Aragon, et il lui enjoignit de poursuivre la guerre
contre les chrétiens. Wadhih fut ainsi en mesure
de servir on ne peut plus efficacement la cause
d'Almuhdi, son maître. Il entra en négociations avec
les Chrétiens de la frontière, et *se soumit au nom d'*
son maître à toutes les conditions qu'il leur plut de
fixer. L'alliance conclue, un corps très nombreux de
chrétiens (Catalans) vint se ranger à Tolède sous les
ordres d'Almuhdi et, bientôt après, l'armée de ce calife,
composée de chrétiens et de musulmans, partit de
Tolède pour Cordoue (1). » Ce fut à la fin du mois de

(1) Al-Makkari, *l. c.* p. 492.

Chaoûal qu'Amuhdi et Soleiman se rencontrèrent non loin de Cordoue, à Acbat-al-Bacar. Soleiman fut battu ; Almuhdi vainqueur se mit à sa poursuite.

Le 6 de dzoulcâda, un nouveau combat eut lieu entre les deux armées ; Almuhdi y fut vaincu et 3000 Cata‑ lans tués. Les survivants ne rentrèrent à Cordoue que pour la piller et en partir presque aussitôt et regagner leur pays. Du 18 du 2° djoumâda au 6 de dzoulcâda il s'écoula environ cinq mois et demi, dont un mois et demi ou deux se passèrent avant que les chrétiens de Catalogne eussent mis le pied dans Tolède ; mais, en défalquant cet espace de temps, il reste encore au moins trois mois pendant lesquels les Catalans et les Musul‑ mans d'Almuhdi eurent une existence commune, le même camp, la vie côte à côte, et par conséquent une monnaie commune.

C'est pendant cette campagne de Cordoue que dut circuler, à mon avis, entre les musulmans et les chré‑ tiens de l'armée d'Almuhdi, le dinar aux lettres B. N. M, et c'est à Tolède qu'il dut être frappé.

Mais, dira-t-on, la vie commune qui a existé sans doute entre les Catalans et les Musulmans d'Almuhdi, elle a existé aussi, pendant plusieurs mois, entre les Castillans et les Musulmans de Soleiman. Ceci est vrai, mais les musulmans de Soleiman, les Berbers, n'étaient pas en état de donner de l'or au comte de Castille, puis‑ que, au contraire, ce comte, Sancho Garcès, d'après Roderic de Tolède. fut forcé de fournir aux Berbers, en même temps que son alliance, mille charrettes de farine, mille bœufs, cinq mille moutons, des provisions de tout genre et même de quoi s'habiller des pieds à la tête, car ils étaient dans le plus grand dénûment, tandis qu'Almuhdi, qui recherchait l'appui du même prince, lui offrait, d'après Nowaïri, le plus complet des historiens de cette époque, des chevaux, des mulets, des joyaux, des habits, des parfums, et enfin de l'ar‑ gent (1. c. 491). Ceci était très naturel, car les Ber‑ bers avaient été chassés soudainement de Cordoue, après avoir été pillés, tandis qu'Almuhdi, outre ce qu'il leur avait pris, avait dévalisé tous les palais des parents et des amis d'Almansour, et surtout ceux de Zahira.

Nowaïri rapporte que l'on estimait la part du pillage qui était entrée dans les coffres d'Almuhdi, à 1,500,000 dinars et 2,500.000 dirhems d'Andalousie, sans compter 200,000 dinars qu'il trouva enfouis (1).

Avec cet or et cet argent, il pouvait faire battre monnaie à son gré et acheter comptant l'alliance armée des comtes chrétiens. Celui de Castille refusa ses offres; ceux d'Urgel et de Barcelone les acceptèrent.

IV

1. — Il existe au cabinet de France, en outre des variétés de dinars au B. N. M sur lesquelles je n'ai aucun renseignement, deux pièces numérotées 539 et 543, portant toutes les deux, en arabe correct, le nom de Cordoue et, pour date, 408 et 409. Ces années correspondent à la période de notre calendrier, qui va du 30 mai 1017 au 20 mai 1018, et de ce jour au 9 mai 1019.

Parmi les événements qui ont eu lieu entre ces deux dates, il en est un qui explique parfaitement la fabrication d'une monnaie destinée à circuler à la fois parmi des musulmans et des chrétiens. Cet événement fut l'alliance d'un prétendant au califat de Cordoue avec un prince Chrétien et une campagne commune aux troupes de l'un et de l'autre.

Voici à la suite de quels faits et dans quelle circonstance fut entreprise cette campagne.

Après la mort d'Almuhdi, Hicham II fut remis sur le trône par Wahdih, qui devint son premier ministre et eut le pouvoir de juillet 1010 au 16 octobre 1011. A cette

(1) Al-Makkari, l. c. p. 488.

date, le ministre fut à son tour massacré et remplacé par Ibn-Abi-Wadâa, autre général slave, qui gouverna pour Hicham II, jusqu'au 19 avril 1013. Ce jour-là, Soleiman rentra à Cordoue à la tête de ses Slaves, et Hicham II abdiqua de nouveau en sa faveur. Aussitôt, on se mit à conspirer contre Soleiman, et un descendant du prophète, Ali Ibn-Hammoud, proposa aux Slaves de l'aider à renvoyer Soleiman ; à rétablir Hicham II, s'il vivait, et, s'il était mort, à devenir lui-même leur calife. Les Berbers furent enchantés d'entrer dans la conspiration, si bien, que lorsque Soleiman se mit en marche contre Ali, les officiers berbers le trahirent et le livrèrent à son rival, qui le fit tuer, le 1ᵉʳ juillet 1016.

Soleiman disparu et Hicham n'ayant pas été retrouvé à Cordoue, ce qui fit dire qu'il était également mort, Ali régna, et pendant plus d'une année, son règne satisfit ses sujets. Au bout de ce temps, ils conspirèrent contre lui.

2. — Au commencement de l'année 408 (commençant le 30 mai 1017), vivait à Valence un petit fils d'Abdérame III, qui portait le nom de son aïeul. C'est à lui que les conspirateurs, ayant à leur tête les gouverneurs d'Almérie et de Saragosse, offrirent le trône de Cordoue. Abdérame IV accepta, et, sur le champ, il se fit une armée composée des musulmans de Saragosse et d'un corps de chrétiens commandé par un prince que les chroniques appellent le roi des Francs (1), et qui était, d'après Dozy (2), le comte Raymond de Barcelone. Avec cette armée, moitié musulmane et moitié chrétienne, il entra en campagne et prit la route du Midi ; en novembre 1017 il était arrivé à Guadix, au nord-est de Grenade, et, en avril 1018, à Jaen, à l'ouest de Guadix.

---

(1) Ibn Hazm, cité par Dozy, p. 233, t. II.
(2) *Loc. cit.*, p. 325.

Le 17 avril, Ali devait passer une revue à Cordoue
et se mettre le même jour en campagne contre Abdérame, mais ce jour là, on l'assassina. Le 23 avril, les
partisans d'Ali, lui donnèrent pour successeur son frère
Casim et, le 30 avril, les partisans d'Abdérame pro-
clamèrent ce prince-ci calife, sous le titre d'Almortadhà. L'entente entre le nouveau calife et ses généraux,
les slaves Khairân et Mondhir, dura peu, et l'année 409
était à peine commencée (20 mai 1018), qu'ils son-
gèrent à le trahir. L'occasion ne tarda pas à se pré-
senter. Le gouverneur de Grenade, le berber Zawi,
avait été nommé à ce poste par l'influence de Khairàn
à qui il était resté dévoué. Khairan s'entendit avec
Zawi pour perdre Almortadhà. D'accord avec Mondhir,
il le poussa à aller assiéger Grenade et, quand il fut
sous les murs de cette ville, les deux généraux slaves
firent volte face avec leurs troupes, *tant musulmanes
que chrétiennes*, et le calife, resté seul et forcé de fuir,
fut assassiné dans sa fuite.

3. — Il est certain que les dinars au B. N. M des
années 408 et 409 n'ont pas été frappés à Cordoue,
bien qu'on y lise ce nom. C'était une prise de possession
nominale et qui ne fut jamais effective. Le dinar de 408
a été frappé à Saragosse ou plutôt à Valence, et celui
de 409 à Valence ou dans quelque ville plus rappro-
chée de Cordoue. Leur circulation mixte dut cesser
dans le cours de cette dernière année.

En publiant ces lignes, je n'ai d'autre but que d'exposer
et de justifier avec quelque étendue une interprétation
qu'on ne pourra sans doute laisser de côté quand on édi-
tera les monnaies dont je n'ai étudié qu'une partie des
légendes.

Marseille.— Barlatier-Feissat Père et Fils.

50 bis

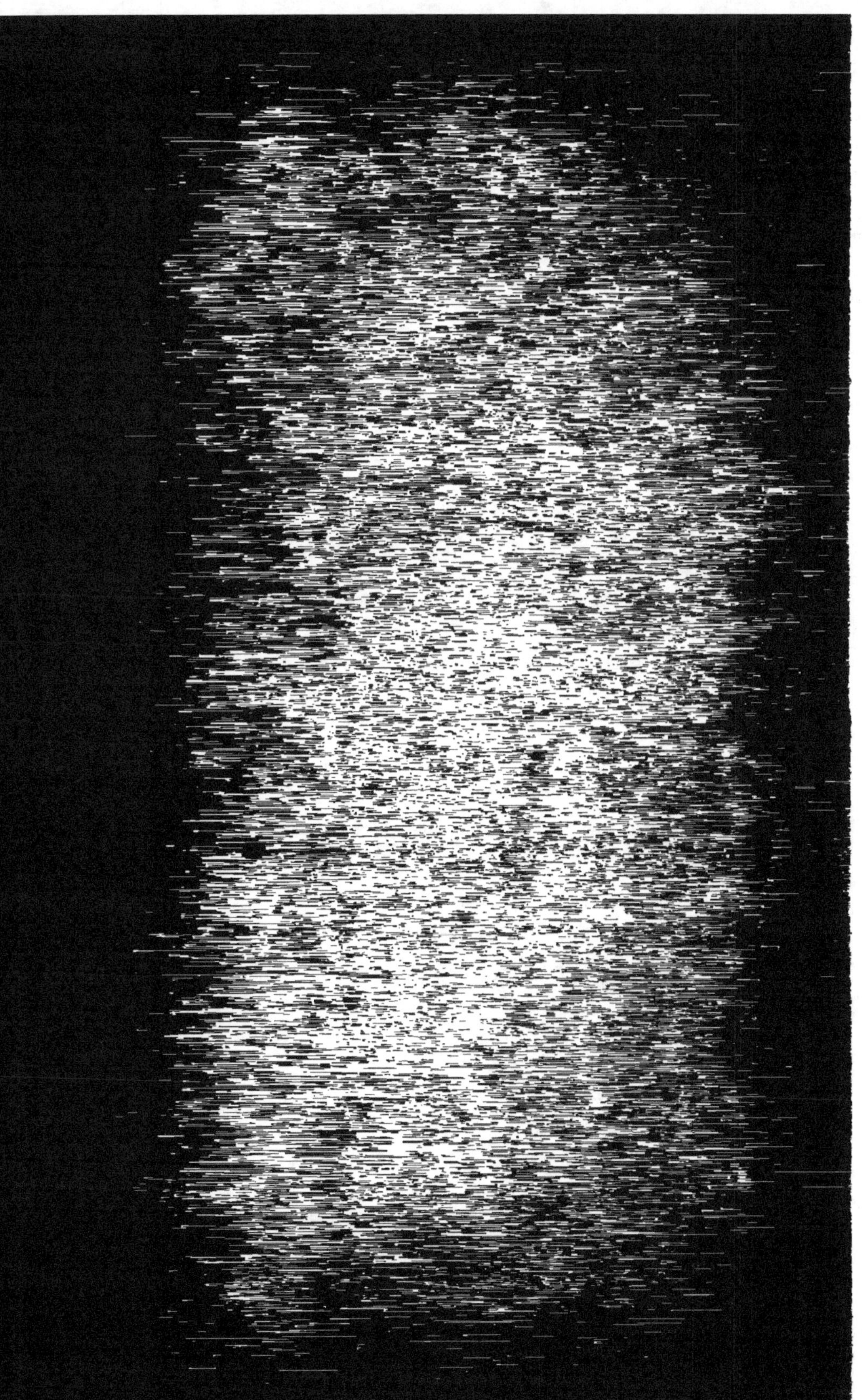

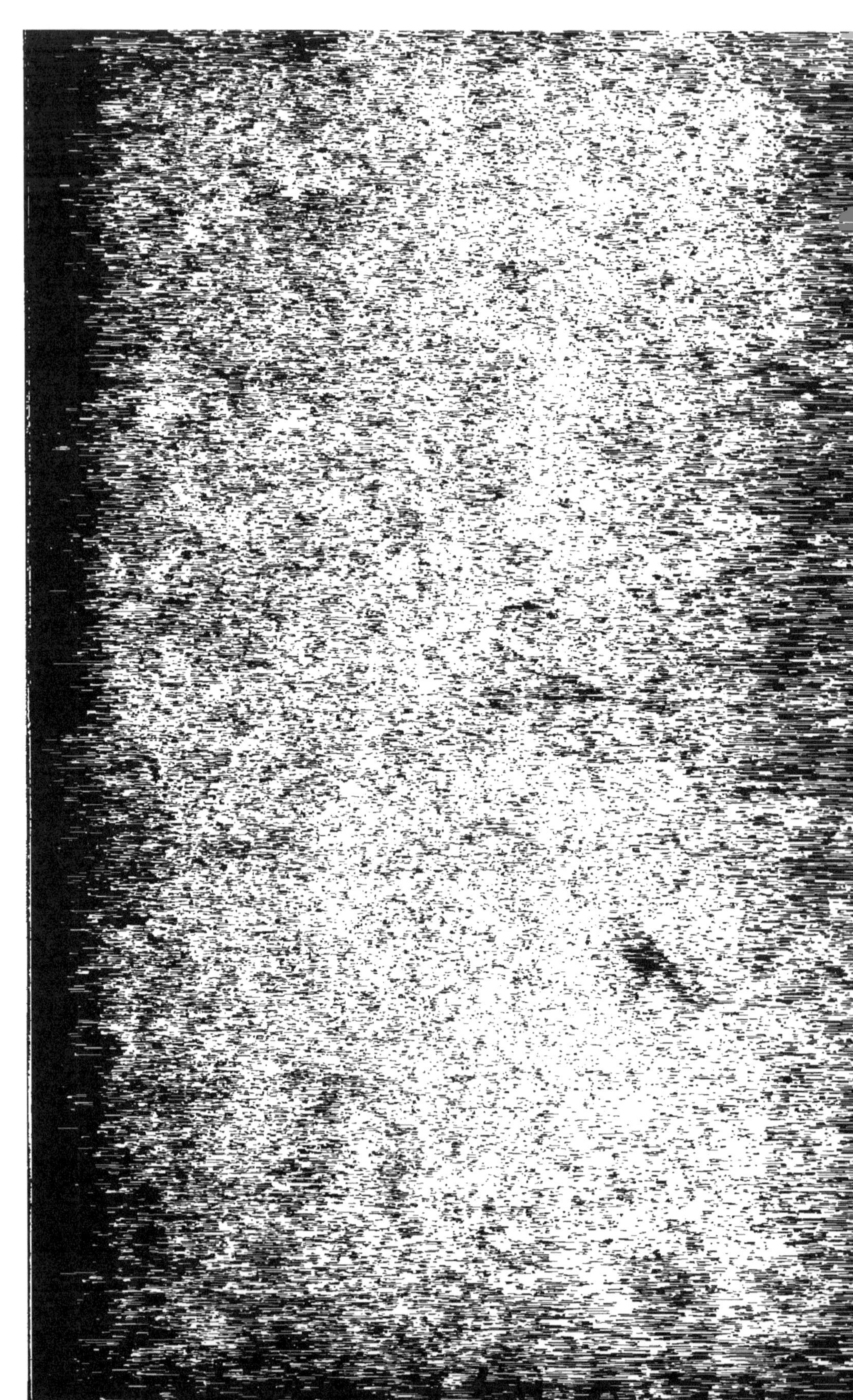